AF356107

COMMISSIONS

DONNEES AV SIEVR

le Page, pour faire le recouurement, recepte & payement ¡.
années mil six cens trente-quatre & mil six cens trente-cinq, des
deniers ordonnez pour la solde
& entretenement des Gens dé
guerre & Caualerie legere.

Eu 9 decembre 1638.

Verifiées en la Chambre des Comptes le
seiziéme May 1635.

A PARIS,
Par A. ESTIENE, P. METTAYER, C. PRÉVOST
& P. ROCOLET, Impr. ordinaires du Roy.

M. DC. XXXV.
Auec Priuilege de sa Maiesté.

LOVIS par la grace de Dieu
Roy de France & de Na-
uarre, A noftre cher & bien
amé Maiftre Nicolas le Page, Treforier Prouincial de
l'Extrordinaire des Guerres en Picardie,
Salut. AYANS refolu pour le bien de
nos affaires & feruice, de commettre l'année prochaine à l'exercice des charges
des Treforiers Generaux de l'Extrordinaire de nos Guerres & de la Caualerie
legere, tant deçà que delà les Monts; &
ne pouuans faire meilleur choix que de
vous, pour la cognoiffance que nous a-
uons de voftre probité, capacité, fidelité & affection à noftre feruice : A CES
CAVSES, Nous vous auons commis,
deputé & ordonné, commettons, deputons & ordonnons par ces prefentes fi-
gnées de noftre main, pour faire le recouurement, recepte & payement en ladite année prochaine mil fix cens trente

quatre, des deniers qui vous seront ordonnez pour la solde & entretenement
de nos Gens de guerre & Caualerie legere, qui sont & seront sur pied entrete-
nus tant deçà que delà les Monts, suiuant
les Ordonnances qui seront expediées à
vostre descharge, & les Rolles de Mon-
stre & reueües qui seront faites de nosdits
Gens de guerre & Caualerie legere deuëment signez & certifiez en la forme prescripte par nos Reglemens & Ordonnances : duquel maniement vous ferez
verifier estat en nostre Conseil, & compterez en nostre Chambre des Comptes,
tout ainsi que faisoient cy-deuant lesdits
Tresoriers de l'Extrordinaire des Guerres & Caualerie legere : pour les espices,
façon & reddition duquel compte, il sera
fait fonds en fin de l'année : Et pour vos
taxations, ports & voitures de deniers,
entretenemens de Commis & autres frais
& salaires generalement quelconques,
nous vous auons accordé & accordons
trois deniers pour liure de tout vostre maniement : lesquels nous vous permettons
de retenir par vos mains, à la charge de
nous acquitter des taxations attribuées

aux Treforiers Prouinciaux de l'Extrordinaire de nos Guerres & des Regimens,
à caufe du payement qui fera fait de la
folde & entretenement de nos troupes,
lors de leur paffage & fejour dans les
Prouinces de leur departement; Et fans
que pour raifon dudit maniement, vous
puiffiez eftre recerché ny compris aux
Rolles des Taxes, en confequence des
eftabliffemens qui pourroient eftre faits
cy apres des Chambres de Iuftice, ny autrement, dont nous vous auons dés à
prefent defchargé & defchargeons par
cefdites prefentes.

SI DONNONS EN MANDEMENT
à nos amez & feaux les Gens de nos
Comptes à Paris, que cefdites prefentes
ils facent regiftrer, & de l'effect d'icelles
vous faire iouïr & vfer pleinement & paifiblement, fans vous abftraindre à fournir d'autres cautions que celles que vous
auez prefentées, qui ont efté receües en
noftredit Confeil, dont nous vous auons
difpenfé & difpenfons par cefdites prefentes, nonobftant tous Reglemens, Ordonnances & Lettres à ce contraires:
CAR tel eft noftre plaifir. DONNE' à

Sainct Germain en Laye le neufiéme iour
de Decembre, l'an de grace mil six cens
trente trois, & de noftre regne le vingt-
quatriéme. Signé, L O V I S : & plus bas,
Par le Roy, S E R V I E N , & feellé du
grand Seau de cire iaune. Et encor eft
écrit :

*Leu, publié & regiftré en la Chambre des
Comptes, oüy le Procureur General du Roy,
par le commandement de fa Majefté, porté
par Monfieur le Comte de Soiffons, Grand
Maiftre de France, Gouuerneur & Lieutenant General pour le Roy en Dauphiné, venu
exprés en ladite Chambre, affifté du Sieur
Duc de Montbazon, & des Sieurs de Leon
& d'Ormeffon, Confeillers de fadite Majefté
en fes Confeils d'Eftat & Priué, le feiziéme
iour de May mil fix cens trente-cinq.*

Signé, E O V R L O N.

AVTRE COMMISSION

portant continuation audit Sieur le Page, de faire lesdits payemens ausdits Gens de guerre, en ladite année mil six cens trente-cinq.

LOVIS par la grace de Dieu Roy de France & de Nauarre, A nostre cher & bien amé Maistre Nicolas le Page, Tresorier Prouincial de l'extrordinaire des Guerres en Picardie, Salut. Ayans trouué bon pour le bien de nostre seruice, & pour plusieurs autres considerations, de vous commettre pendant la presente année à l'exercice des charges des Tresoriers Generaux de l'extrordinaire de nos Guerres & Caualerie legere, tant deçà que delà les Monts: Et estans particulierement informez auec quel soin, vigilance, capacité, fidelité & affection à nostredit seruice, vous vous estes acquitté de cét employ, nous auons resolu de vous le continuer pendant l'année prochaine, sur l'asseurance que nous auons que vous redoublerez vos soins, pour nous en faire receuoir vne entiere satisfaction : A CES CAVSES, Nous vous auons continué, commis, deputé & ordonné, continuons, commettons, deputons & ordonnons par ces presentes, signées de nostre main, pour faire le recouurement, recepte & payement en ladite année prochaine mil six cens trente-cinq, des deniers qui vous seront ordonnez pour la solde & entretenement de nosdits Gens de guerre, tant d'Infanterie que Caualerie, François & Estrangers, qui sont à present & pourront estre cy-apres sus pied, tant deçà que delà les Monts, suiuant les estats & ordonnances qui seront expediées à vostre descharge, & les Rolles de Monstres & reueües qui en seront faites, deuëment signez & certifiez en la forme prescripte par nos Reglemens & Ordonnances : Duquel maniement vous ferez verifier estat en nostre Conseil, & en compterez en nostre Chambre des Comptes, tout ainsi que faisoient cy-deuant lesdits Tresoriers Generaux de l'Extrordinaire de nosdites

Guerres

Guerres & Caualerie legere : pour les ef-
pices, façon & reddition duquel compte,
il fera fait fonds à la fin de l'année. Et
pour vos taxations, ports & voitures dē
deniers, entretenement des Commis, &
autres frais & falaires generalemēt quelconques, Nous vous auons accordé &
accordons trois deniers pour liure dē
tout voftre maniement : lefquels nous
vous permettons retenir par vos mains, à
la charge de nous acquitter des taxations
attribuées aux Treforiers Prouinciaux
de l'Extrordinaire de nos Guerres & des
Regimens, à caufe des payemens qui fe-
ront faits de la folde & entretenement dē
nofdites troupes, lors de leur paffage &
fejour dans les Prouinces de leurs depar-
temens : Et fans que pour raifon dudit
maniement, vous puiffiez eftre recerché
ny compris és Rolles des Taxes, en confequence des eftabliffemens qui pourroient eftre faits cy-apres des Chambres
de Iuftice, ny autrement, dont nous vous
auons dés à prefent defchargé & defchargeons par cefdites prefentes : lefquelles
nous mandons à nos amez & feaux Confeillers les Gens de nos Comptes à Paris,

qu'ils ayent à faire regiftrer, & de l'effect
d'icelles vous faire iouïr & vfer pleinement & paifiblement, conformément à
ce qui eft de noftre intention, & fans vous
abftraindre à fournir d'autre caution que
celles que vous auez prefentées, qui ont
efté receües à noftre Confeil, dont nous
vous auons difpenfé & difpenfons par
cefdites prefentes , nonobftant toutes
Ordonnances, Reglemens & Lettres à
ce contraires : CAR tel eft noftre plaifir.
DONNE' à Sainct Germain en Laye le
dixiéme iour de Decembre, l'an de grace mil fix cens trente-quatre, & de noftre regno le vingt-cinquiéme. Signé,
LOVIS, & plus bas, Par le Roy, SER-
VIEN, & feellé du grand Seau de cire
iaune. Et encor eft écrit:

Leües , publiées & regiftrées en la
Chambre des Comptes, Oüy le Procu-
reur General du Roy, par le commande-
ment de fa Majefté, porté par Monfieur
le Comte de Soiffons , Grand Maiftre
de France, Gouuerneur & Lieutenant
General pour le Roy en Dauphiné, venu

exprés en ladite Chambre, assisté du Sieur
Duc de Montbazon, & les Sieurs de
Leon & d'Ormesson, Conseillers de sa-
dite Majesté en ses Conseils d'Estat &
Priué, le seiziéme iour de May mil six
cens trente-cinq.

Signé, BOVRLON.